ECONOMIA AZIENDALE PER PRINCIPIANTI

CAPITOLO 1. LE PERSONE, L'ATTIVITÀ ECONOMICA, L'ECONOMIA AZIENDALE

LA CENTRALITÀ DELLA PERSONA E DELLE SOCIETÀ UMANE

- Le <u>persone</u> perseguono molteplici <u>fini</u>
- Il perseguimento dei fini suscita <u>bisogni</u>
- Per soddisfare i bisogni occorrono <u>beni economici</u>
- Le persone svolgono l'<u>attività economica</u> per <u>produrre</u> e <u>consumare</u> i beni economici
- L'attività economica si manifesta prioritariamente nel <u>lavoro</u>
- L'attività economica è svolta dalle persone e <u>per le persone</u>
- Persone che sono membri di <u>istituti</u>: le famiglie, le imprese, lo Stato, gli istituti non-profit

I BISOGNI

- Bisogno = esigenza (<u>senso di mancanza</u>) di un bene necessario agli scopi della vita
- Ogni teoria economica si fonda su una <u>teoria dei bisogni</u>
- Bisogni naturali / bisogni sociali, etici, estetici e religiosi
- Bisogni essenziali (primari) / bisogni voluttuari (secondari)
- I bisogni si pongono in gerarchia (in relazione ai redditi disponibili, ai gusti, alle preferenze)
- I bisogni (con i gusti e con le preferenze) sono dinamici
- Le scelte delle persone sono soggette a processi di apprendimento

I BENI

- <u>I beni economici</u>: merci e servizi <u>utili</u> per il soddisfacimento dei bisogni e <u>scarsi</u> rispetto alle esigenze delle persone
- I beni <u>non economici</u>, o <u>beni liberi</u>: non sono scarsi, sono liberamente disponibili in quantità e qualità sufficienti per tutti
- Varie classificazioni dei beni economici
  - Primari, voluttuari (come i bisogni)
  - Complementari, fungibili
  - Differenziabili, non differenziabili (commodity)
  - Di consumo, strumentali
  - Ad utilizzo singolo, durevoli
  - A consumo individuale, a consumo collettivo

- Privati, pubblici

L'ATTIVITÀ ECONOMICA

- L'attività economica (produzione e consumo di beni economici) si svolge mediante varie classi di operazioni:
  - Operazioni di <u>trasformazione tecnica</u> (trasformazione fisica, spaziale, logica) delle materie prime, degli impianti, dei dati, delle conoscenze, ...
  - Operazioni di <u>negoziazione</u> di
    - beni privati e beni pubblici
    - lavoro
    - capitali
    - coperture di rischi
  - Operazioni di <u>configurazione e di governo degli istituti</u>:
    - configurazione dell'assetto istituzionale
    - organizzazione
    - rilevazione e informazione

PRODUZIONE ECONOMICA, DI BENI DI REDDITI

- La produzione economica: le operazioni tipiche delle varie classi di imprese
  - Produzione di merci (imprese manifatturiere)
  - Produzione di servizi (imprese di trasporti, turistiche, di consulenza, della salute, dell'istruzione, ecc.)
  - Svolgimenti di negoziazioni di beni (imprese commer-

ciali), di capitali (banche, altri intermediari finanziari), di rischi (compagnie di assicurazione).

- Il fine delle imprese: la produzione di remunerazioni
  - Le persone costituiscono e partecipano alle imprese per ottenere remunerazioni (in particolare, remunerazioni del lavoro e remunerazioni del capitale proprio)
  - La produzione economica (produzioni di merci e servizi, svolgimento di classi di negoziazioni) è il mezzo
  - La produzione di remunerazioni è il fine

LE CONDIZIONI DI PRODUZIONE

- L'attività economica si svolge con l'impiego di condizioni di produzione (fattori di produzione):
  - Materie prime, componenti, servizi forniti da terzi, ...
  - Immobili, impianti, macchinari, attrezzi, ...
  - Lavoro
  - Terra
  - Beni pubblici
  - Beni liberi
- Due condizioni di produzione sono qualificabili come "primarie"
  - Il lavoro
  - Il capitale risparmio

PERSONA UMANA E HOMO OECONOMICUS

<u>Homo Oeconomicus</u>
- Autonomo
- Egoista
- Motivato solo da redditi e ricchezza
- In grado di valutare tutto secondo razionalità assoluta

<u>Persona umana</u>
- Membro di società umane
- Svolge l'attività economica come mezzo, non come fine
- Opera secondo razionalità, ma è razionalità limitata
- Dà valore a solidarietà, lealtà, progresso

LA MASSIMIZZAZIONE DEL BENESSERE INDIVIDUALE

- Le persone agiscono in modo tale da massimizzare il proprio benessere individuale (che non è solo benessere materiale)
- Il comportamento delle persone è previdente e coerente nel tempo; è razionale
- Le scelte delle persone sono influenzate da
    - le proprie esperienze passate, i consumi passati, le abitudini e le dipendenze individuali (il "capitale personale")
    - le caratteristiche delle persone con le quali si interagisce, inclusa la cultura (il "capitale sociale").

LE DECISIONI INDIVIDUALI

<u>Razionalità assoluta</u>

- Problema e obiettivi perfettamente chiari
- Tutte le informazioni disponibili immediatamente e gratuitamente
- Futuri stati del mondo perfettamente conosciuti
- Alternative tutte chiare, comparabili e valutate simultaneamente
- Decisore unico e isolato
- Il decisore sceglie l'alternativa migliore = l'ottima

<u>Razionalità limitata</u>
- Il decisore parte da attese iniziali; una prima ricerca esplorativa porta a prime alternative
- Il decisore valuta una prima alternativa
- In base alla prima analisi, modifica le proprie attese
- Valuta in sequenza altre alternative; modifica le attese
- Si ferma e sceglie quando scadono i tempi, la ricerca diventa troppo costosa, ecc.
- Sceglie una soluzione "soddisfacente"

GRUPPI SOCIALI, NORME E RUOLI

- Il comportamento delle singole persone è fortemente influenzato dalla loro appartenenza a gruppi sociali e a collettività umane
- I membri dei gruppi sociali devono rispettare le relative regole di comportamento (le norme del gruppo)

Attorno ad ogni persona che occupa una certa posizione in una collettività umana (un gruppo sociale, un istituto) si forma un sistema di attese di comportamento: il ruolo. Il comportamento della persona è fortemente condizionato da tale sistema di attese

COOPERAZIONE, OPPORTUNISMO, FIDUCIA, ALTRUISMO

- La ragion d'essere delle società umane è la cooperazione
- La cooperazione produce la "rendita organizzativa" che spetta a tutti coloro che hanno cooperato
- L'imperfetta conoscibilità degli input, dei comportamenti e degli output dà spazio a comportamenti opportunistici (egoistici ed astuti)
- I comportamenti opportunistici sono causa e effetto della sfiducia negli altri
- La fiducia nasce da ripetuti comportamenti leali e cooperativi
- Le persone adottano anche comportamenti altruistici (producono vantaggio per gli altri e sacrificio per sé)

I comportamenti altruistici sono funzionali alla massimizzazione del benessere personale: buone relazioni sociali, bassi costi di transazione, realizzazione di ideali di giustizia, equità e progresso

L'ECONOMIA AZIENDALE

- È complementare all'economia politica
- È orientata al cambiamento, alla ricerca di modalità migliori di svolgimento dell'attività economica
- Vuole combinare l'innovazione tecnologica con l'innovazione economica
- Vuole contribuire al progresso economico come strumento di progresso civile

- Adotta il principio dell'unitarietà nello studio dei fenomeni aziendali (tutti i tipi di istituti, gestione + organizzazione + rilevazione, contemperamento degli interessi, aggregati aziendali)

CAPITOLO 2. GLI ISTITUTI, LE AZIENDE, LA SPECIALIZZAZIONE ECONOMICA

LE SOCIETÀ UMANE E IL BENE COMUNE

- Ciascuna persona partecipa a più <u>società umane</u> di varia natura:
    - famiglie,
    - Stato, istituti pubblici
    - Chiesa
    - imprese
    - partiti politici
    - sindacati di lavoratori
    - associazioni di beneficenza
    - ecc.
- Ogni società umana persegue il <u>bene comune</u> dei suoi mem-

bri che è il prodotto della cooperazione

ISTITUZIONI, ISTITUTI E ORGANIZZAZIONI

- Le istituzioni sono modelli e regole di comportamento adottati da vaste collettività umane
- Gli istituti sono le società umane che assumono caratteri di istituzioni (le famiglie, le imprese, i partiti, lo Stato, ecc.)
- Gli istituti sono duraturi, dinamici, unitari e autonomi; perseguono il bene comune.

Nota terminologica. Spesso nelle scienze sociali si parla di famiglie (le società umane naturali) e di organizzazioni (le società umane progettate); qui si usa il termine istituti che include famiglie e organizzazioni.

RENDITA ORGANIZZATIVA E RISULTATO RESIDUALE

Due fenomeni economici fondamentali che si manifestano a livello di istituto

- La <u>rendita organizzativa</u>: il frutto della cooperazione intelligente di più persone volte allo stesso fine; il vantaggio economico ottenuto con l'azione organizzata rispetto all'azione isolata e opportunistica;
    - in linea di principio, la rendita organizzativa, frutto della cooperazione, deve essere ripartita tra tutti coloro che hanno cooperato.
- Il <u>risultato residuale</u>: frutto della cooperazione e dell'incertezza; è quanto residua ex-post dopo aver remunerato tutti sulla base dei patti ex-ante;

- a chi spetta il risultato residuale (che può essere positivo o negativo)? Sono possibili varie soluzioni: la risposta influenza direttamente la struttura di governo dell'istituto.

GLI ISTITUTI E LE AZIENDE

L'economia aziendale si occupa delle <u>quattro classi istituti</u> nei quali si svolge rilevante attività economica:

- le famiglie
- le imprese
- lo Stato e gli istituti pubblici
- gli istituti non-profit

In particolare, studia <u>l'ordine strettamente economico degli istituti</u>, ossia <u>le aziende</u>:

- l'azienda di consumo e di gestione patrimoniale familiare
- l'azienda di produzione
- l'azienda composta pubblica
- l'azienda non profit

I CARATTERI ESSENZIALI DEGLI ISTITUTI

Ai fini dell'analisi economica, le varie classi di istituti si distinguono per i seguenti caratteri essenziali:

- le finalità dominanti, di ordine economico e non economico
- il fine economico immediato
- i portatori degli interessi economici istituzionali, ossia degli interessi economici primari

- i portatori degli interessi economici non istituzionali
- i processi economici caratteristici

LE FAMIGLIE

L'istituto	La famiglia
L'azienda	L'azienda familiare di consumo e di gestione patrimoniale
Le finalità dominanti	Sociali, etiche, religiose
Il fine economico immediato	Appagamento dei bisogni dei membri della famiglia
I portatori di interessi economici istituzionali	Tutti i componenti della famiglia
Portatori di interessi economici non istituzionali	Altre famiglie legate da parentela; prestatori di lavoro domestico; ...
I processi economici caratteristici	Consumi, gestione patrimoniale, lavoro, studio

LE IMPRESE

L'istituto	L'impresa
L'azienda	L'azienda di produzione
Le finalità dominanti	Economiche
Il fine economico immediato	Produzione di remunerazioni monetarie e di altra natura
I portatori di interessi eco-	Di regola: i prestatori di lavoro e i

nomici istituzionali	conferenti di capitale di rischio
Portatori di interessi economici non istituzionali	Fornitori, clienti, conferenti di capitale di prestito, Stato, …
I processi economici caratteristici	Trasformazioni tecniche; negoziazioni di beni, di credito, di rischi.

LO STATO, GLI ISTITUTI PUBBLICI

L'istituto	Lo Stato, gli istituti pubblici
L'azienda	L'azienda composta (di produzione e di consumo) pubblica
Le finalità dominanti	Sociali e morali
Il fine economico immediato	Produzione e consumo di beni pubblici (e remunerazione del lavoro)
I portatori di interessi economici istituzionali	Tutti i componenti dell'entità politica (e i prestatori di lavoro)
Portatori di interessi economici non istituzionali	Fornitori, conferenti di capitale di prestito, altri istituti pubblici, …
I processi economici caratteristici	Produzione e consumo di beni pubblici; raccolta di tributi

GLI ISTITUTI NONPROFIT

L'istituto	L'istituto non-profit (gamma molto varia)

L'azienda	L'azienda non-profit
Le finalità dominanti	Sociali, morali, culturali
Il fine economico immediato	Appagamento dei bisogni di: associati / fruitori escludibili / collettività generale (e remunerazioni del lavoro)
I portatori di interessi economici istituzionali	Varie combinazioni di associati, donatori, Stato, prestatori di lavoro
Portatori di interessi economici non istituzionali	Fornitori, conferenti di capitale di prestito, Stato, "clienti", ...
I processi economici caratteristici	Produzione (o produzione e consumo) di beni

LA DIFFERENZIAZIONE DEGLI ISTITUTI

- L'attività economica si svolge in istituti di natura molto varia, fortemente differenziati (le famiglie, le imprese grandi e piccole, le imprese pubbliche e private, gli istituti pubblici di ogni specie, le associazioni, ecc.)
- Come mai?
- Proviamo a rispondere riflettendo su:
  - "Cinque domande sulla varietà degli istituti";
  - "Quattro modelli di sistemi economici"

CINQUE DOMANDE SULLA VARIETÀ DEGLI ISTITUTI

1. Perché l'attività economica non è totalmente svolta all'interno delle famiglie?
2. Come mai le singole persone tendono ad aggregarsi in istituti anziché operare indipendentemente scambiandosi lavoro, beni e capitali?
3. Perché l'intera attività economica non si svolge nell'ambito di una sola grande "organizzazione" che suddivida a coordini l'attività di ciascuno?
4. Perché gli istituti si differenziano in grandi classi quali le famiglie, le imprese, lo Stato gli istituti non-profit?
5. Perché le imprese sono così diverse tra di loro (dimensione, proprietà, integrazione, ecc.)?

QUATTRO MODELLI DI SISTEMI ECONOMICI

A. Il modello dell'autoconsumo
B. Il modello atomistico di mercato
C. Il modello della gerarchia totale
D. Il modello della pluralità di istituti specializzati

UN FENOMENO PERVASIVO: LA SPECIALIZZAZIONE ECONOMICA

- Molte caratteristiche dei sistemi economici moderni sono frutto della specializzazione economica.
- Un fenomeno pervasivo che si manifesta in tutte le attività umane a vari livelli:
    - specializzazione delle macroclassi di istituti
    - specializzazione tra gli istituti di ciascuna macro-

classe
- specializzazione all'interno di ciascun istituto

LE ECONOMIE DI SPECIALIZZAZIONE

- La specializzazione produce vantaggi (denominati "economie di specializzazione") esprimibili in termini di:
  - riduzione dei tempi, degli sforzi e dei costi richiesti per lo svolgimento dell'attività economica
  - miglioramento della qualità degli output dell'attività economica
- Le economie di specializzazione hanno varie origini, denominate "fonti delle economie di specializzazione"
- La specializzazione può indurre anche svantaggi (diseconomie di specializzazione)

LE FONTI DELLE ECONOMIE DI SPECIALIZZAZIONE

- L'apprendimento da ripetizione (destrezza, scoperta, repertorio di soluzioni)
- L'impiego "ottimale" delle limitate e disomogenee competenze individuali
- La differenziazione degli orientamenti manageriali e tecnici in relazione ad attività disomogenee
- La riduzione dei costi di apprestamento e di passaggio tra le fasi
- Le migliori performance degli impianti specializzati
- La motivazione da identificazione

GLI SVANTAGGI DELLA SPECIALIZZAZIONE

- I maggiori costi di coordinamento
- La rigidità degli investimenti specifici / specializzati
- La demotivazione da parcellizzazione

SPECIALIZZAZIONE E DIMENSIONI COVENIENTI

- Quanto più grandi sono le unità produttive (stabilimenti, laboratori, punti di vendita, ecc.) tanto maggiori sono le possibilità di specializzare l'attività, il lavoro, gli impianti, ecc.
- Gli istituti (in particolare le imprese) tendono a crescere di dimensione per poter realizzare grandi economie di specializzazione (che sono un sottoinsieme delle economie di scala)

SPECIALIZZAZIONE E AMPIEZZA DEI MERCATI E DELLE CONOSCENZE

- Gli spazi di possibile specializzazione crescono al crescere dei mercati (perché le imprese possono diventare più grandi e specializzarsi maggiormente al proprio interno) e della ricchezza della conoscenza (che può essere maggiormente articolata in parti specialistiche).
- Quanto maggiori sono le previste dimensioni del mercato, tanto maggiori sono gli incentivi per gli investimenti in ricerca e sviluppo; si arricchiscono le conoscenze; si ampliano le possibilità di specializzazione.

CAPITOLO 3
LE COMBINAZIONI ECONOMICHE DI ISTITUTO

IL SISTEMA DEGLI ACCADIMENTI

- L'economia aziendale si occupa, in generale, delle azioni e dei fenomeni che si manifestano nell'azienda e nel suo ambiente (le attività interne di produzione e di vendita, i comportamenti dei clienti e dei fornitori, le variazioni della normativa economica, ecc. ecc.).

- Sono azioni e fenomeni – economici e non economici - avvinti a sistema da relazioni molteplici; si usa l'espressione "sistema degli accadimenti".

LE COMBINAZIONI ECONOMICHE GENERALI

- Nell'ambito del sistema degli accadimenti di ciascun istituto una posizione centrale è occupata dalle combinazioni economiche generali.

- Le combinazioni economiche generali sono date dall'insieme complessivo delle operazioni economiche svolte dalle persone all'interno di un istituto.

- Per poter capire l'economia degli istituti (come si formano i costi e i ricavi; perché e come si hanno utili o perdite; perché ci si deve indebitare oppure no; ecc.) è essenziale saper analizzare l'articolazione (ossia la struttura) delle combinazioni economiche che in essi si svolgono.

LE CATEGORIE DI ANALISI DELLE COMBINAZIONI ECONOMICHE

- Per analizzare l'articolazione delle combinazioni economiche si ricorre ad alcuni concetti chiave:
    - Le <u>coordinazioni economiche parziali</u> (dette anche "funzioni")
    - Le <u>combinazioni economiche parziali</u> ed elementari (dette anche, nelle imprese, "aree di affari")
    - Le <u>negoziazioni</u>

LE COORDINAZIONI PARZIALI DELLE IMPRESE

- Le coordinazioni economiche parziali sono insiemi di processi caratterizzati da una <u>funzione</u> e da un insieme di <u>competenze specialistiche</u> applicate allo svolgimento della stessa.

- Ad esempio, la coordinazione parziale "ricerca e sviluppo":
    - è l'insieme delle attività che hanno la funzione di ideare e di sviluppare nuovi prodotti e nuovi processi produttivi
    - e si svolge utilizzando particolari competenze di progettazione, di calcolo, di prova, e così via

- Correntemente le coordinazioni parziali sono chiamate "funzioni" (funzione ricerca, funzione vendite, funzione marketing, ecc.)

LE GRANDI CLASSI DI COORDIN-AZIONI PARZIALI D'IMPRESA

Le coordinazioni parziali di tutte le imprese sono riconducibili alle seguenti classi e sottoclassi:

- Progettazione (configurazione) dell'assetto istituzionale
- Gestione
    - Gestione caratteristica (nelle imprese manifatturiere: ricerca e sviluppo, acquisti, fabbricazione, vendita, logistica)
    - Gestione finanziaria
    - Gestione patrimoniale
    - Gestione tributaria
    - Gestione assicurativa
- Organizzazione
- Rilevazione

LE ATTIVITA' DI CONFIGURAZIONE DELL'ASSETTO ISTITUZIONALE

- Sono le operazioni che determinano la nascita, il disegno di base, le trasformazioni e la cessazione dell'istituto:
    - la costituzione dell'istituto
    - la compagine iniziale dei "soci" e le successive tras-

formazioni
- la prima scelta e le trasformazioni di forma giuridica
- la configurazione degli organi di governo
- le acquisizioni, fusioni, scissioni
- la stipulazione di alleanze
- la liquidazione dell'istituto

- Tutte le altre classi di operazioni (gestione, organizzazione, rilevazione) sono fortemente influenzate dalle scelte di configurazione dell'assetto istituzionale.

LA GESTIONE

- La gestione è il vasto insieme di operazioni attraverso le quali l'impresa attua direttamente la produzione economica (progetta, acquista, trasforma, vende).
- La gestione è utilmente scomponibile in cinque insiemi di attività:
  - Gestione caratteristica
  - Gestione patrimoniale
  - Gestione finanziaria
  - Gestione tributaria
  - Gestione assicurativa

LA GESTIONE CARATTERISTICA

- È l'insieme delle operazioni di gestione che: (a) identificano la "funzione economico-tecnica" tipica di ciascuna impresa; (b) suscitano la gran parte dei costi e dei ricavi dell'impresa.
  - per le imprese agricole, estrattive e manifatturiere: acquisto di impianti e di materie prime, trasformazione

tecnica, vendita;
- per le imprese commerciali: negoziazioni di acquisto e di vendita di beni privati, operazioni di trasporto e di immagazzinamento;
- per le banche: negoziazioni di credito di prestito in raccolta e in impiego;
- per le imprese di assicurazione: assunzione di rischi specifici, investimento dei mezzi disponibili, liquidazione dei sinistri.

- La gestione caratteristica è una gestione "attiva"; quando ben condotta produce un risultato reddituale positivo: il reddito operativo della gestione caratteristica.

LA GESTIONE CARATTERISTICA DELLE IMPRESE MANIFATTURIERE

- Nelle imprese manifatturiere la gestione caratteristica si articola nei seguenti insiemi di operazioni
  - Ricerca e sviluppo
  - Acquisto di merci e di servizi destinati alla produzione
  - Fabbricazione
  - Commercializzazione
  - Logistica

LA GESTIONE FINANZIARIA

- È l'insieme delle operazioni volte a coprire il fabbisogno finanziario, ossia il fabbisogno di mezzi monetari necessari per avviare l'impresa e per sostenerne lo sviluppo
- Il fabbisogno finanziario nasce perché di regola nelle imprese gli incassi derivanti dalle "vendite" si manifestano

successivamente ai pagamenti derivanti dagli "acquisti"
- Il fabbisogno finanziario si copre ricorrendo a
  - capitale proprio, o capitale di rischio
  - capitale di prestito (mutui, obbligazioni)
- La gestione finanziaria è una gestione "passiva": comporta interessi passivi sul capitale di terzi e remunerazioni del capitale proprio

LA GESTIONE PATRIMONIALE

- Può accadere che, per un certo periodo di tempo, un'impresa disponga di mezzi monetari eccedenti rispetto a quanto richiesto dalla gestione caratteristica (in generale, dalle altre gestioni); in questi casi, si attiva la gestione patrimoniale che consiste nell'investimento di tali mezzi monetari al fine di trarne un reddito
- L'investimento può consistere, ad esempio, nell'acquisto di titoli di Stato o di azioni di altre imprese
- La gestione patrimoniale è in linea di principio una gestione "attiva", ma talvolta può provocare perdite (ad esempio, per quotazioni decrescenti delle azioni acquistate)

LA GESTIONE ASSICURATIVA

- Consiste nella copertura dei rischi particolari d'impresa (furti, incendi, danni a terzi, ecc.) mediante la sottoscrizione di contratti di assicurazione (negoziazioni di rischi particolari).
- I rischi coperti possono derivare sia dalla gestione caratteristica sia dalle gestioni patrimoniale e finanziaria.
- È una gestione tipicamente "passiva" comportando il costo dei premi assicurativi e indennizzi solo a fronte di equival-

enti danni.

LA GESTIONE TRIBUTARIA

- Consiste nella liquidazione e nel pagamento della vasta gamma di tributi che le imprese devono corrispondere allo Stato (e ad altri enti pubblici) a fronte dei beni pubblici ricevuti.
- Gli oneri tributari sono suscitati sia dalla gestione caratteristica sia dalle gestioni patrimoniale e finanziaria
- Differenti scelte d'impresa (relative, ad esempio, alla forma giuridica, alle modalità di finanziamento, alla localizzazione) determinano differenti combinazioni e livelli di tributi da corrispondere.
- La gestione tributaria è tipicamente una gestione "passiva" comportando solo oneri tributari.

IL PROFILO REDDITUALE E MONETARIO DELLA GESTIONE

- Tutte le gestioni, con i loro "costi" e "ricavi" concorrono a determinare il risultato dell'impresa. Le due gestioni "attive" (caratteristica e patrimoniale) e le tre gestioni "passive" (finanziaria, assicurativa, tributaria) possono pesare variamente nel determinare l'utile o la perdita.
- Analogamente, tutte le gestioni, con i loro pagamenti e riscossioni, concorrono a determinare i flussi monetari complessivi dell'impresa e la sua solvibilità.
- Il profilo reddituale e il profilo monetario sono strettamente connessi, ma non coincidono.

IL CONTRIBUTO DELLE GESTIONI AL RISULTATO REDDITUALE: ESEMPI

	A	B	C
Ricavi della gestione caratteristica	1.000	1.000	1.000
Costi della gestione caratteristica	900	900	990
Risultato della gestione caratteristica	+ 100	+ 100	+ 10
Risultato della gestione patrimoniale	+ 10	0	+ 90
Oneri della gestione assicurativa	- 5	- 10	0
Oneri della gestione finanziaria	- 15	- 110	0
Risultato prima delle imposte	+ 90	- 20	+ 100
Oneri della gestione tributaria	- 45	0	- 50
Risultato netto	+ 45	- 20	+ 50

L'ORGANIZZAZIONE

- Si compone di due grandi classi di attività:
  - Progettazione dell'assetto organizzativo: la struttura organizzativa (chi deve fare che cosa, chi dipende da chi, ...) e i sistemi operativi (come si formulano i piani aziendali, come si gestiscono le persone, come fluiscono le informazioni, ...)
  - Gestione dei prestatori di lavoro, o gestione del personale (messa in atto dei sistemi di ricerca e selezione, di valutazione, di retribuzione, di carriera, ecc.)

- È la base della motivazione delle persone e dell'efficienza aziendale

LA RILEVAZIONE

- Le operazioni di rilevazione sono attività di
  - raccolta
  - elaborazione
  - conservazione
  - diffusione

dei dati e delle informazioni e servono per supportare le scelte dei decisori sia interni sia esterni all'azienda

- Si compone di parti denominate
  - contabilità generale
  - contabilità analitica
  - sistemi informativi direzionali
  - ecc.

LE COMBINAZIONI ECONOMICHE PARZIALI

- Molte imprese attuano più combinazioni economiche parziali o, con altra espressione, operano in più "aree di affari"
- Una combinazione economica parziale è definita da una certa gamma di prodotti destinata ad un certo mercato (una combinazione prodotto-mercato)
- Ad esempio, una stessa impresa può operare contemporaneamente nelle seguenti aree di affari
  - quotidiani di informazione
  - quotidiani sportivi

- riviste di moda
- libri di narrativa e saggistica
- libri scolastici

- Per quanto distinte, le combinazioni economiche parziali di una stessa impresa sono sempre strettamente interconnesse

LE NEGOZIAZIONI

- Tutte le classi di attività (progettazione degli assetti istituzionali, gestione, organizzazione, rilevazione) comportano lo svolgimento sia di attività interne sia di attività "esterne", ossia di relazioni con altri istituti.
- Tra le attività "esterne" sono di primaria importanza le negoziazioni che servono per acquisire le condizioni di produzione e per cedere i prodotti e le condizioni di produzione.
- Le grandi classi di negoziazioni svolte dalle imprese sono:
  - negoziazioni di beni privati
  - negoziazioni di beni pubblici
  - negoziazioni di lavoro
  - negoziazioni di capitale di rischio
  - negoziazioni di capitale di prestito
  - negoziazioni di rischi particolari

PER UNA VISIONE NON TROPPO INGENUA DELLE NEGOZIAZIONI

- Le negoziazioni reali non si svolgono mai in condizioni di perfetta trasparenza, conoscenza, lealtà e di equilibrio di potere delle parti. In altri termini, non si svolgono in condiz-

ioni di razionalità assoluta e di mercati perfetti
- I concetti essenziali utili per una visione non troppo ingenua delle negoziazioni sono:
  - i costi di transazione
  - l'asimmetria informativa
  - gli investimenti specifici
  - la forza contrattuale

LE COMBINAZIONI ECONOMICHE DELLO STATO

LE RAGIONI DELL'INTERVENTO DELLO STATO NELLA PRODUZIONE DI BENI ECONOMICI

Lo Stato interviene nella produzione del bene Alfa quando ritiene che:
- il bene Alfa sia politicamente critico, ossia debba comunque essere accessibili a certe categorie di cittadini e a certe condizioni di costo e di qualità
- lasciando la produzione di Alfa a imprese private operanti secondo le regole del mercato non si otterrebbe l'effetto politico desiderato

LE RAGIONI DI POSSIBILE INEFFICACIA DEL MERCATO

- I beni pubblici puri: beni senza rivalità nei consumi e non escludibili; le imprese private non potrebbero farsi pagare un prezzo; interviene lo Stato che può imporre i tributi
- I mercati non concorrenziali, in particolare i monopoli

naturali; senza "controlli" le imprese private ne trarrebbero vantaggi indebiti; interviene lo Stato come produttore o come regolatore

- Le esternalità positive/negative: sono gli effetti positivi o negativi per il soggetto B derivanti da un'azione di A e per i quali B non sostiene un onere / non riceve un indennizzo; le imprese private tendono ad appropriarsi di esternalità positive e a scaricare esternalità negative; interviene lo Stato come produttore o come regolatore

- I mercati incompleti: spazi di mercato lasciati vuoti dalle imprese che li giudicano non attraenti (troppo piccoli, rischiosi, …) e che invece secondo lo Stato sono critici

- Le asimmetrie informative: beni complessi difficili da giudicare ex-ante (sanità, istruzione); il consumatore può preferire un fornitore pubblico

- La redistribuzione del reddito; lo Stato rende accessibili beni critici a prezzi non di mercato

- I "beni di merito"; lo Stato incentiva il consumo di beni critici che i cittadini non percepiscono come tali

- Garantire uno "Stato di diritto": in generale, lo Stato interviene con le leggi per far sì che l'attività economica si svolga correttamente

LA STRUTTURA DELLE COMBINAZIONI ECONOMICHE DELLO STATO

- Può essere rappresentata attraverso l'incrocio di due dimensioni:

    1) <u>le "aree di intervento"</u> – combinazioni parziali corrispondenti ad insiemi di bisogni pubblici – definibili anche come "finalità" o "prodotti" dello Stato

    2) <u>le "aree di gestione"</u> – insieme delle attività di varia

natura svolte dallo Stato per il perseguimento delle finalità

LE AREE DI INTERVENTO (LE COMBINAZIONI ECONOMICHE PARZIALI) DELLO STATO

Le tipiche aree di intervento dello Stato sono:
- Difesa nazionale
- Giustizia
- Sicurezza pubblica
- Relazioni internazionali
- Istruzione e cultura
- Assistenza e previdenza
- Sanità
- Trasporti e comunicazioni
- Sviluppo economico

LA GESTIONE CARATTERISTICA DELLO STATO

Si svolge combinando tre classi di operazioni:
1) Emanazione di leggi e regolamenti (attività non delegabile);
2) Trasferimenti di mezzi monetari (a famiglie e imprese);
3) Produzione di beni pubblici
    - diretta
    - indiretta

LA GESTIONE TRIBUTARIA DELLO STATO

- Si compone dei processi di definizione delle caratteristiche e dei livelli dei tributi, di accertamento, di prevenzione e repressione dell'evasione fiscale, di riscossione.
- Può anche essere vista come parte della gestione caratteristica, costituendo il "corrispettivo" nelle diverse forme nelle quali si possono classificare i tributi (prezzi, tariffe, imposte) della produzione ed erogazione dei servizi pubblici.

LA GESTIONE PATRIMONIALE DELLO STATO

- Si compone di operazioni di investimento e di disinvestimento in beni da reddito e rivalutazione finalizzate alla produzione di ricavi addizionali a quelli della gestione caratteristica.
- Di solito lo Stato e gli altri istituti pubblici soni "in deficit", ossia non dispongono di risorse da dedicare alla gestione patrimoniale.
- NB. La gestione dei grandi patrimoni pubblici utilizzati per lo svolgimento delle funzioni tipiche dello Stato fa parte della gestione caratteristica; non è gestione patrimoniale.

LA GESTIONE FINANZIARIA DELLO STATO

- È molto rilevante. Spesso lo Stato e gli istituti pubblici non riescono a coprire i loro costi con le entrate tributarie e devono coprire i loro "deficit" ricorrendo all'indebitamento.

- Il fabbisogno finanziario dello Stato può essere soddisfatto con varie forme di debiti di finanziamento. Nel nostro Paese è prevalente il ricorso alla emissione di titoli del debito pubblico.

LA GESTIONE ASSICURATIVA DELLO STATO

- Si svolge con modalità analoghe a quelle delle imprese dovendo coprire numerose classi di rischi particolari.
- In alcuni casi lo Stato diviene anche l'assicuratore a favore di famiglie, imprese, istituti non-profit a fronte di particolari eventi dannosi quali le calamità naturali.

LA PROGETTAZIONE DELL'ASSETTO ISTITUZIONALE DELLO STATO

Evolve per aggiustamenti successivi quando è necessario modificare le risposte a quesiti del tipo:

- in quali aree intervenire (sanità, assistenza, cultura, ecc.)
- quali rapporti configurare con i prestatori di lavoro
- con quali forme dirette e indirette realizzare la produzione e l'erogazione dei beni pubblici
- quanto e come interagire con altre pubbliche amministrazioni
- come impostare il sistema fiscale
- come strutturare le relazioni con i cittadini attraverso gli organi elettivi ed amministrativi

LE OPERAZIONI DI ORGANIZZAZIONE

E DI GESTIONE DEL PERSONALE DELLO STATO

Sono simili a quelle delle imprese.

Due importanti differenze vanno tuttavia sottolineate:

1. Il delicato rapporto tra "organi politici" eletti dai cittadini e gli "organi amministrativi" formati da tecnici
2. il prevalere del principio della legalità (applicazione uniforme della legge) rispetto a quello della imprenditorialità (soluzioni varie e sempre nuove)

LE OPERAZIONI DI RILEVAZIONE E DI INFORMAZIONE DELLO STATO

Sono più complesse rispetto a quelle delle imprese in quanto devono rappresentare anche le dimensioni politiche e sociali degli obiettivi e dei risultati dello Stato.

LE COMBINAZIONI ECONOMICHE DELLE FAMIGLIE

IL RUOLO ECONOMICO DELLE FAMIGLIE

La famiglia è l'istituto nel quale:

- si compie la gran parte <u>dell'attività economica di consumo</u>;
- si predispongono le condizioni necessarie per il soddisfacimento dei bisogni delle persone.

Nei sistemi economici evoluti, le famiglie esternalizzano

molte attività di produzione precedentemente svolte dai membri della famiglia; si svolgono all'interno della famiglia le attività che:

- dal punto di vista morale ed etico sono considerate "critiche" (educazione, assistenza, ecc.)
- dal punto di vista tecnico non comportano rilevanti diseconomie di specializzazione e di dimensione.

LE ATTIVITA' DI GESTIONE DELLA FAMIGLIA

La gestione caratteristica è composta da:
- attività di produzione di redditi mediante lavoro esterno;
- attività di lavoro interno alla famiglia;
- attività di consumo.

La gestione patrimoniale:
- consiste nell'impiego di risparmio in investimenti (titoli, immobili da reddito, ecc.) destinati a produrre redditi addizionali rispetto a quelli derivanti dal lavoro esterno;
- dipende fortemente dalle scelte di consumo / risparmio;
- NB. non riguarda i beni patrimoniali utilizzati direttamente dalla famiglia (appartamento, automezzi, ecc.) nella gestione caratteristica
- La gestione finanziaria delle famiglie è formata dalle operazioni di negoziazione di credito di prestito (mutui, credito al consumo, ecc.) che fanno sorgere i debiti di finanziamento e dai connessi pagamenti di quote capitale ed interessi.
- La gestione tributaria della famiglia consiste nella liquid-

azione e nel pagamento di vari tipi di imposte, tasse e contributi a fronte del diritto di accedere ai beni prodotti dallo Stato.

- La gestione assicurativa sia "sulla vita" dei singoli membri sia a copertura di danni particolare alle cose (abitazione, furti, responsabilità civile, ecc.) è spesso presente nella gestione familiare.

LA PROGETTAZIONE DELL'ASSETTO ISTITUZIONALE DELLA FAMIGLIA

- In quanto istituto sociale e primario, la famiglia non comporta fondamentali scelte di configurazione dell'assetto istituzionale. Tuttavia, alcune scelte critiche riguardano:
    - il regime patrimoniale tra i coniugi (separazione o comunione dei beni)
    - le relazioni economiche con le famiglie di parenti e affini
    - eventuali affidamenti e adozioni
    - la suddivisione del lavoro interno ed esterno
    - le relazioni con coloro che prestano lavoro domestico

LE OPERAZIONI DI ORGANIZZAZIONE E DI RILEVAZIONE DELLE FAMIGLIE

- Dato il numero di persone componenti la famiglia non si presentano particolari problemi di progettazione organizzativa.
- Relativamente alle rilevazioni possono essere utili dei sistemi elementari atti a supportare alcune scelte di gestione familiare (ad esempio, un giornale di cassa sul quale si an-

notano le entrate e le uscite monetarie, ecc.)

LE COMBINAZIONI ECONOMICHE DEGLI ISTITUTI NONPROFIT

IL RUOLO DEGLI ISTITUTI NONPROFIT

- Nei sistemi economici evoluti una parte rilevante dell'attività economica si svolge in istituti non-profit.
- Gli istituti non-profit sono istituti privati (anche se spesso finanziati dallo Stato).
- NB. "Non-profit" non significa che è vietato o impossibile realizzare risultati reddituali positivi ("profitti"); significa invece che è vietata la loro distribuzione a favore dei soggetti che la controllano: associati, donatori, amministratori, manager.

Quando nasce un istituto non-profit?

- Un istituto non-profit nasce quando uno o più soggetti privati ritengono che sia utile o doveroso che certi insiemi di persone (loro stessi, oppure categorie disagiate, o l'intera collettività) dispongano di beni che gli altri tipi di istituti – le famiglie, le imprese, lo Stato – non offrono nei modi (qualità, prezzi) ritenuti opportuni.
- Con altra espressione, quando si constata il contemporaneo "fallimento" delle famiglie, delle imprese private (del mercato) e dello Stato nel garantire certi beni a certe categorie di persone a certe condizioni.

Inoltre:

- per prodotti particolarmente critici e complessi da giudicare ex-ante (forte asimmetria informativa), quali ad esempio certe cure mediche, gli utenti possono preferire come fornitore un istituto non-profit rispetto ad un'impresa privata o allo Stato;

- gli istituti non profit godono di taluni vantaggi normativi e fiscali (lo Stato favorisce il formarsi di istituti non profit che con risorse prevalentemente private offrono beni pubblici).

LA GESTIONE CARATTERISTICA DEGLI ISTITUTI NONPRFIT

La *gestione caratteristica* degli istituti non-profit (INP) è molto eterogenea perché gli INP sono di natura molto varia. Si possono distinguere i seguenti casi:

- INP assimilabili a istituti di produzione (es. sanità, istruzione) nei quali avvengono processi di acquisto -trasformazione - cessione a clienti che pagano corrispettivi assimilabili ai prezzi. Il carattere non-profit deriva dalla destinazione del risultato reddituale.;

- INP assimilabili a istituti di produzione e consumo (composti) nei quali i destinatari della produzione sono i membri stessi dell'istituto (si pensi ad una associazione culturale che organizza incontri per i suoi associati; coloro che sono membri dell'associazione delegano alcuni di essi alla produzione del bene culturale che viene "consumato" dagli stessi membri);

- INP di pura erogazione (enti di beneficenza). In queste prevalgono i processi di trasferimento delle disponibilità finanziarie raccolte rispetto ai processi di trasformazione tecnica. Si pensi al caso Telethon. Si sostanzia in una grande campagna mediatica attraverso la quale si raccolgono fondi da destinare alla ricerca scientifica

LA GESTIONE TRIBUTARIA
DEGLI ISTITUTI NONPROFIT

- È strettamente connessa a quella caratteristica. Lo Stato, infatti, accorda agli INP agevolazioni fiscali sia in termini di minori o nulli carichi fiscali sia in termini di contributi pubblici.

- La presenza di INP riduce l'intervento diretto da parte dello Stato e quindi le agevolazioni fiscali vanno a compensare i costi che altrimenti lo Stato dovrebbe sostenere per la propria presenza diretta.

LA GESTIONE PATRIMONIALE
DEGLI ISTITUTI NONPROFIT

- Può essere del tutto trascurabile in diversi INP in quanto difficilmente generano risparmio.

- Tuttavia alcuni INP godono di importanti patrimoni sia finanziari sia immobiliari. In questi casi la gestione patrimoniale assume grande rilevanza in quanto capace, se ben gestita, di produrre redditi importanti per l'equilibrio economico dell'INP.

LA GESTIONE FINANZIARIA
DEGLI ISTITUTI NONPROFIT

- Assume caratteri particolari in questi istituti. L'incertezza di redditi costanti infatti limita di molto la loro capacità di assumere debiti di finanziamento che richiedono, come noto, rimborsi tempificati.

- È strettamente connessa a quella parte della gestione caratteristica che consiste nel <u>fund raising</u>, ossia nella raccolta di contributi non corrispondenti a specifiche prestazioni dell'INP.

LA GESTIONE ASSICURATIVA DEGLI ISTITUTI NONPROFIT

- Assume varia rilevanza in relazione all'attività svolta dagli INP. Si pensi agli INP che svolgono la loro attività in settori rischiosi quali quello sanitario e ospedaliero, della protezione civile, oppure agli INP proprietari di patrimoni immobiliari di elevato valore artistico.

LA PROGETTAZIONE DELL'ASSETTO ISTITUZIONALE DEGLI INP

- Rappresenta un'attività particolarmente critica negli INP, soprattutto nei casi nei quali coloro che forniscono contributi non usufruiscono dei servizi erogati. In questo caso nasce l'esigenza da parte dei primi di controllare il buon uso delle risorse e diventano problematiche anche le scelte collettive di governo economico.
- La progettazione degli assetti istituzionali deve tenere presente due finalità:
  - costruire e proteggere <u>l'immagine di affidabilità</u> dell'istituto;
  - garantire elevati livelli di <u>autonomia</u>.

LE OPERAZIONI DI ORGANIZZAZIONE DEGLI ISTITUTI NONPROFIT

- Rispetto all'impresa questa attività deve tenere conto dei seguenti due fattori:

1) tenere alta la tensione rispetto all'efficienza, poiché negli INP mancando forti attese di produzione di risultati reddituali;
2) garantire correttezza nei comportamenti al fine di salvaguardare l'immagine di affidabilità; se l'immagine dell'INP si degrada, il fund raising diventa problematico.

LE OPERAZIONI DI RILEVAZIONE E DI INFORMAZIONE DEGLI ISTITUTI NONPROFIT

- Sono più complesse rispetto a quelle delle imprese in quando devono rappresentare anche la dimensione sociale degli obiettivi e dei risultati raggiunti.

CAPITOLO 4
GLI ASSETTI ISTITUZIONALI

IL MODELLO GENERALE PER L'ANALISI DELL'ASSETTO ISTITUZIONALE

- Secondo uno schema di analisi generale ogni istituto è visto come un insieme di <u>soggetti</u>, che offrono <u>contributi</u>, e che per tale motivo ricevono <u>ricompense</u> o traggono <u>benefici</u>
- Nel loro insieme tali soggetti configurano i <u>portatori di interessi</u>
- L'analisi dell'assetto istituzionale è importante per valutare la capacità di un istituto di perdurare nel tempo
- Per la vita duratura di un istituto è essenziale che si abbia un <u>governo unitario</u>. Il governo dell'istituto deve essere unitario in due aspetti:
  - I contributi di tutti i soggetti devono essere combinati secondo un <u>disegno unitario</u>;
  - La responsabilità delle decisioni ultime deve essere attribuita ad uno ed un solo organo, secondo un principio di <u>unità di comando</u>

LE SCELTE DI CONFIGURAZIONE

DELL'ASSETTO ISTITUZIONALE

Per realizzare un efficace governo di un istituto occorre operare tre insiemi di scelte fondamentali:
- Decidere a quali insiemi di soggetti assegnare il diritto ed il dovere di governare, direttamente o tramite propri rappresentanti ☐ definire il <u>soggetto d'istituto</u>
- Esplicitare a quali finalità ed obiettivi debba ispirarsi l'azione del soggetto d'istituto ☐ definire i <u>fini istituzionali</u>
- Configurare gli organi e i meccanismi di governo che consentano un'efficace azione dei soggetti deputati a governare ☐ definire la <u>struttura di governo</u>

L'ASSETTO ISTITUZIONALE

L'assetto istituzionale è la configurazione dei <u>portatori di interessi</u> nei confronti dell'istituto, dei <u>contributi</u> che tali <u>soggetti</u> forniscono all'azienda, delle <u>ricompense</u> e dei benefici che ne ottengono, del <u>soggetto d'istituto</u>, dei <u>fini istituzionali</u> e delle <u>strutture di governo</u> che regolano in equilibrio dinamico di lungo periodo le relazioni tra i portatori di interessi, i contributi e le ricompense

I SISTEMI DI INTERESSI CONVERGENTI NEGLI ISTITUTI

- attorno a ciascun istituto si configura sempre una <u>vasta gamma di interessi</u> di varia natura: interessi economici, sociali, morali
- i vari insiemi di interessi sono <u>parzialmente in competizione</u> tra di loro
- i contributi provenienti dai vari soggetti sono <u>complemen-</u>

tari, ma si possono manifestare anche <u>parziali fungibilità</u>

- le condizioni di scambio non sono sempre simmetriche; in alcuni casi si ha una <u>strutturale asimmetria</u> tra ciò che il soggetto dà e ciò che il soggetto riceve

- le varie relazioni sono caratterizzate dai <u>rapporti di forza contrattuale</u> che dipendono dal grado di concentrazione della domanda e dell'offerta, dagli investimenti specifici eventualmente in atto, dall'asimmetria informativa tra le parti

- molte delle <u>attese</u> dei soggetti in gioco sono <u>implicite</u> e non dichiarate, ma sottintese ai valori e alle consuetudini in essere.

GLI INTERESSI CONVERGENTI NELL'IMPRESA

Portatori di interessi	Contributi	Attese di ricompensa da parte dei soggetti	Attese da parte dell'impresa
Prestatori di lavoro	• tempo • competenze • impegno • energia • imprenditorialità	• remunerazione • tutela/stabilità • condizioni di lavoro • mansioni "ricche" • stimoli e carriera • influenza sulle scelte	• lealtà • obbedienza • impegno • flessibilità • socialità
Conferenti di capitale di rischio	• mezzi monetari (a tempo indeterminato)	• remunerazione del capitale (utili distribuiti e *capital gains*) • adeguata liquidabilità • influenza sul governo	• un adeguato numero di soggetti disposti ad investire capitale di rischio • limitata influenza da parte degli eventuali azionisti di controllo
Fornitori	• condizioni di produzione	• standard di qualità chiari • stabilità del rapporto • condizioni economiche remunerative • idee e proposte	• qualità costante • prezzo contenuto • tempi di pagamento adeguati • consegna tempestiva • garanzie

Portatori di interessi	Contributi	Attese di ricompensa da parte dei soggetti	Attese da parte dell'impresa
Conferenti di capitale di prestito	• mezzi monetari (per un dato periodo di tempo)	• rimborso del capitale • interessi nella misura e nei tempi stabiliti • trasparenza dell'impresa finanziata • solidità e redditività	• condizioni generali favorevoli • varietà e flessibilità delle modalità di finanziamento • supporto tecnico per la scelta • relazione duratura
Imprese di assicurazione	• protezione da rischi specifici	• premi assicurativi • bassa selezione avversa, e basso azzardo morale	• condizioni economiche • affidabilità
I clienti	• consumo dei prodotti dell'impresa	• standard di qualità chiari • prezzo adeguato • garanzie • innovazione	• stabilità della relazione • cooperazione nello sviluppo di know-how tecnico e commerciale
Gli alleati istituzionali (es. consorzio per tutela del marchio)	• tutela del marchio	• quote associative • stabilità della relazione • cooperazione	• sviluppo di una politica comune • collaborazione proficua

Portatori di interessi	Contributi	Attese di ricompensa da parte dei soggetti	Attese da parte dell'impresa
I concorrenti	• stimolo dalla competizione	• lealtà • potenziali alleanze • rispetto normativa	• lealtà • potenziali alleanze • rispetto della normativa
Lo Stato	• produzione ed erogazione di beni pubblici	• bassa evasione ed elusione fiscale da parte delle imprese	• beni pubblici di qualità • apparati statali efficienti • imposizione non elevata • equità del sistema fiscale
	• regolazione comportamento delle imprese	• rispetto formale e sostanziale delle norme	• ampia libertà in un contesto di norme chiare ed eque
	• dispensa incentivi finanziari e fiscali	• utilizzo degli incentivi da parte delle imprese	• diseconomie coperte secondo equità
Le collettività locali	• lavoro • tessuto sociale	• benessere • opere collettive • iniziative culturali	• impegno particolarmente elevato • fedeltà • contesto socio-politico favorevole

L'INTEGRAZIONE DINAMICA DEI CONTRIBUTI COME CONDIZIONE DI ECONOMICITA'

- L'<u>integrazione</u> tra i diversi portatori di interessi è condizione necessaria per garantire agli istituti una <u>vita economica duratura</u>
- L'integrazione dinamica dei contributi dei vari soggetti si caratterizza per:
    - <u>vantaggi</u> ottenibili dall'integrazione:
        - bassi costi di transazione con i soggetti esterni;
        - bassi costi di coordinamento interno;
        - bassi prezzi-costo degli input;
        - migliore qualità, personalizzazione e flessibilità degli input;
        - elevato impegno di tutti i soggetti;
        - maggiore soddisfazione dei bisogni di socialità;
        - processi di apprendimento collettivo

GLI OSTACOLI ALL'INTEGRAZIONE DEI CONTRIBUTI E LE LEVE PER REALIZZARLA

- L'integrazione tra i soggetti presenta anche ostacoli e leve per realizzarla:
  - <u>ostacoli</u> all'integrazione:
    - obiettivi differenti in merito alla combinazione ottimale di risorse, competenze e attività;
    - i soggetti sono in competizione per ottenere le rimunerazioni;
    - l'adesione dei soggetti al disegno complessivo è subordinata alle condizioni di informazione incompleta e incertezza;
    - molti dei risultati ottenuti sono frutto di un lavoro congiunto, per cui è difficile decidere a chi attribuire i risultati residuali;
    - I vari soggetti hanno diverse propensioni al rischio
  - <u>leve</u> per l'integrazione:
    - definizione degli organi massimi di governo;
    - definizione dei soggetti cui attribuire i risultati residuali;
    - progettazione attenta dell'assetto organizzativo;
    - messa in atto di meccanismi di integrazione con soggetti "esterni"

IL SOGGETTO D'ISTITUTO ED IL DIRITTO DI GOVERNO

- In linea di principio, tutti i portatori di interessi dovrebbero partecipare al governo dell'istituto. Tuttavia ciò determinerebbe:
    - elevati costi di governo, e complessità organizzativa;
    - qualità e tempi delle decisioni inadeguati alla vita dell'istituto;
    - mancato riconoscimento della maggiore criticità di alcuni contributi
    - Per tale motivo, <u>una o poche categorie di portatori di interessi partecipano direttamente al governo</u> dell'istituto (il "<u>soggetto d'istituto</u>"), mentre le altre categorie partecipano attraverso meccanismi indiretti di rappresentanza/controllo
- Al soggetto d'istituto fanno capo due insiemi fondamentali di diritti-doveri:
    - il <u>diritto-dovere di governare</u>, ossia di guidare l'istituto e di prendere le decisioni ultime;
    - il <u>diritto di godere dei risultati residuali</u> positivi, e di farsi carico degli eventuali risultati residuali negativi

FINI ISTITUZIONALI E CLASSI DI INTERESSI. SOGGETTO D'ISTITUTO E SOGGETTO ECONOMICO

- I fini istituzionali coincidono con le attese primarie delle persone che compongono il soggetto d'istituto. Si denominano anche <u>interessi istituzionali</u>
- Gli interessi degli altri soggetti sono interessi non istituzionali
- In tutti gli istituti convergono <u>interessi sia economici sia</u>

non economici
- Si configurano pertanto <u>quattro classi di interessi</u> convergenti negli istituti:
  - Interessi istituzionali economici
  - Interessi istituzionali non economici
  - Interessi non istituzionali economici
  - Interessi non istituzionali non economici
- L'insieme dei portatori di interessi istituzionali (economici e non) forma il <u>soggetto d'istituto</u>
- L'insieme dei portatori di interessi istituzionali economici forma il <u>soggetto economico</u>

LE PREROGATIVE ED I PRINCIPI DI GOVERNO ECONOMICO

- Il soggetto economico (che di regola coincide con il soggetto d'istituto) esercita le prerogative di governo economico
- Le <u>prerogative di governo economico</u> consistono nel diritto-dovere di:
  - fissare gli obiettivi, le strategie e le politiche dell'istituto
  - scegliere i soggetti che contribuiranno alla vita economica dell'istituto (e stipulare con questi patti e contratti)
  - progettare e mettere in atto le strutture di governo e di controllo
  - sorvegliare il funzionamento dell'istituto
  - Il governo economico deve ispirarsi ad alcuni <u>principi</u>

generali:

- <u>economicità</u> (o vita duratura economica), ossia la capacità dell'istituto di svolgersi in autonomia economica, senza il ricorso sistematico a coperture di perdite da parte di altre economie
- <u>contemperamento degli interessi,</u> ossia l'adozione di strutture e processi, e soprattutto atteggiamenti e comportamenti, ispirati alla logica della partecipazione e del confronto

LE STRUTTURE DI GOVERNO ECONOMICO

- Quando il soggetto di istituto ed il soggetto economico sono formati da molte persone, si rende necessario configurare strutture e meccanismi che rappresentino adeguatamente tutti gli interessi, e diano luogo a processi decisionali efficienti
- Nell'ipotesi che il soggetto economico coincida con una sola categoria di portatori di interessi si avrà una struttura di governo economico basata essenzialmente su 3 organi:
    - <u>l'assemblea dei membri del soggetto economico</u> quale organo supremo di indirizzo generale e di nomina sia dei membri dell'organo decisionale di governo economico, sia dell'organo di controllo
    - <u>l'organo decisionale di governo economico</u>, composto da una o poche persone con specifiche competenze tecniche e manageriali, che configura e indirizza l'attività della struttura organizzativa
    - <u>un organo di controllo</u> che verifica l'operato dell'organo decisionale

L'ASSETTO DI GOVERNO DELLE FAMIGLIE

- sono membri del soggetto d'istituto (come anche del soggetto economico) della famiglia tutte le persone che la compongono
- gli <u>interessi economici di persone di altre famiglie</u> (con rapporti di parentela) devono considerarsi <u>non istituzionali</u>, a meno che non si configuri un gruppo economico di aziende familiari
- Il <u>governo economico</u> dell'azienda familiare comporta un articolato insieme di decisioni complesse poiché implicano <u>significati non solo economici</u> (ripartizione del lavoro tra soggetti, lavoro interno/esterno, livelli di consumo e di risparmio, modalità di impiego del risparmio, eredità e donazioni etc.)
- Le <u>prerogative di governo economico</u> spettano a <u>tutte le persone della famiglia</u> in funzione di età, esperienza e competenza
- Spesso il governo economico è delegato al "capofamiglia", anche se molte decisioni avvengono in forma collegiale
- Non sempre il contemperamento degli interessi risulta agevole

L'ASSETTO DI GOVERNO DELLE IMPRESE

- <u>Differenti imprese</u> richiedono <u>differenti assetti di governo</u>

- Differenti assetti di governo attribuiscono rilevanza a <u>differenti categorie di portatori di interessi</u>
- la nostra ipotesi di riferimento è quella dell'impresa nella quale il <u>soggetto d'istituto</u> ed il <u>soggetto economico</u> sono formati dall'insieme dei <u>conferenti di capitale di rischio</u> e dei <u>prestatori di lavoro</u>
- nel mondo occidentale la grande maggioranza delle imprese è configurata secondo il <u>modello capitalistico</u>, anche se:
  - la forma e la sostanza non sempre coincidono
  - alcuni ordinamenti (es. Germania) prevedono esplicitamente la partecipazione dei prestatori di lavoro nel governo dell'impresa
  - la disciplina della "Società Europea" prevede modalità di partecipazione dei prestatori di lavoro in alcune scelte di governo delle imprese

Qualunque sia la scelta sulla struttura di governo, alcuni temi hanno svolgimento uniforme in tutte le imprese:

- il <u>fine immediato</u> delle imprese è rappresentato dalla <u>produzione di rimunerazioni</u> e di altre connesse condizioni per i membri del soggetto economico
- le <u>prerogative di governo economico</u> nelle imprese riguardano:
  - <u>scelte di assetto istituzionale</u> (organi di governo e loro struttura; scelte di fusioni, scorpori, concentrazioni, accordi; relazioni interaziendali etc.)
  - <u>scelte di configurazione delle combinazioni produttive</u> (oggetto sociale, dimensione, diversificazione, integrazione, internazionalizzazione etc.)
  - <u>scelte di assetto tecnico</u>, <u>assetto organizzativo</u>, <u>organismo personale</u>
  - il soggetto economico è <u>unico e unitario</u>

- il principio generale di governo è quello del <u>contemperamento degli interessi</u>

IL SOGGETTO ECONOMICO IMPROPRIO

- nella realtà accade spesso che l'insieme delle persone che <u>dovrebbero esercitare il governo economico</u> (il soggetto economico) non coincide con l'insieme di persone che <u>di fatto esercitano il governo economico</u>. I casi più frequenti nelle imprese sono:
  - il governo è esercitato da insiemi di persone che non rappresentano l'intero soggetto economico, ma solo una parte di esso (es. azionisti di controllo trascurando quelli di minoranza)
  - Il governo è esercitato da insiemi di persone che non fanno parte del soggetto economico (es. esponenti politici che vogliono interferire nelle strategie di un'impresa)
- nei casi precedenti si parla di <u>soggetto economico improprio</u>
- si tratta di una situazione <u>potenzialmente pericolosa</u> per l'impresa, e certamente iniqua

L'ASSETTO DI GOVERNO DELLO STATO

- Lo Stato si articola in complesse strutture di istituti pubblici, tra cui hanno particolare rilievo le <u>articolazioni territoriali</u>: Stato, Regioni, Province, Comuni
- L'ordine economico di tali istituti è definito <u>azienda composta pubblica</u>

- Sono membri dell'istituto e portatori di interessi istituzionali tutti i cittadini membri dello Stato
- sono membri del soggetto economico tutti i membri della collettività e coloro che prestano lavoro nelle aziende composte pubbliche
- I <u>fini economici istituzionali</u> delle aziende composte pubbliche sono:
  - Il soddisfacimento dei bisogni pubblici di tutti i membri della collettività
  - La remunerazione del lavoro dei prestatori di lavoro
- il <u>governo economico</u> si esercita <u>in via indiretta</u> per mezzo di organi collegiali i cui membri sono scelti tramite elezione (ruolo politico)
- La distinzione e l'integrazione di <u>ruoli politici</u> e <u>ruoli economici</u> si attua
  - A livello di struttura complessiva dell'amministrazione pubblica
  - A livello di singoli istituti dell'amministrazione pubblica

L'ASSETTO DI GOVERNO DEGLI ISTITUTI NONPROFIT

- negli istituti non-profit il <u>soggetto d'istituto</u> può far capo a tre categorie di soggetti:
  - Gli associati delle associazioni chiuse ed aperte
  - I donatori privati e pubblici
  - I prestatori di lavoro
  - Sono <u>interessi istituzionali economici</u>:

- Le attese di soddisfacimento dei bisogni comuni degli associati
- Le attese di rimunerazione dei prestatori di lavoro non volontario
- Sono interessi <u>istituzionali non economici</u> quelli dei donatori

In definitiva, negli istituti non-profit l'insieme delle persone che compone il soggetto d'istituto può essere notevolmente diverso (molto più ampio) rispetto a quello che compone il soggetto economico

CAPITOLO 5
L'ECONOMICITA'

EQUILIBRIO ISTITUZIONALE

Si ha <u>equilibrio istituzionale</u> quando tutti i membri del soggetto di istituto:
- condividono i valori e gli obiettivi che ispirano la vita dell'istituto, le sue strutture e modalità di governo, le logiche organizzative;
- ricevono ricompense e benefici giudicati equi rispetto ai contributi forniti.

L'equilibrio istituzionale è di lungo periodo ed è caratterizzato da:
- <u>durabilità</u> (le persone che partecipano alla vita degli istituti si attendono che l'istituto perduri nel tempo; gli istituti nel tempo accumulano patrimoni di relazioni e di competenze che sono relativamente indipendenti dalle persone)
- <u>autonomia</u> (libertà di scegliere i propri fini e le proprie modalità di governo)

EQUILIBRIO ISTITUZIONALE ED EQUILIBRIO ECONOMICO

- Si ha <u>equilibrio economico</u>, ossia <u>economicità</u>, quando l'istituto nel suo insieme è in grado di attrarre risorse sufficienti per remunerare tutte le condizioni di produzione e di consumo utilizzate per svolgere le proprie combinazioni economiche

- Equilibrio istituzionale ed equilibrio economico sono <u>interconnessi</u>, ma <u>non sincroni</u>

In quanto condizione di vita degli istituti, <u>l'economicità</u> è contemporaneamente un <u>principio</u> ed un <u>obiettivo</u> fondamentale di <u>buon governo</u> degli istituti.

DURABILITA' E AUTONOMIA

DURABILITA'

- L'azienda, ordine economico di istituto, deve svolgersi secondo condizioni di vita e di funzionamento tali da consentire di <u>durare nel tempo in un ambiente mutevole</u>.
- La continuità e lo sviluppo di un istituto hanno un valore per i suoi membri attuali, per i suoi membri futuri e per la collettività in generale.

AUTONOMIA

- Si verifica quando un'azienda non ricorre <u>sistematicamente</u> a interventi di sostegno o di copertura delle perdite da parte di altri istituti.
- Le coperture di perdite e gli interventi di sostegno realizzati anche per via indiretta, (esenzione fiscale, manovre di debito pubblico) sono tutte soluzioni precarie.

ECONOMICITA' COME PERSEGUIMENTO DI FINI

Il principio di economicità si declina in due forme complementari:

1. <u>perseguimento di fini economici istituzionali</u>
   - <u>imprese</u>: rimunerazioni monetarie e di altra specie per i prestatori di lavoro e per i conferenti di capitale di rischio;
   - <u>famiglie</u>: appagamento dei bisogni delle persone che le compongono;
   - <u>stato</u>: appagamento dei bisogni di beni pubblici dei cittadini e remunerazione dei prestatori di lavoro;
   - <u>istituti non-profit</u>: appagamento dei bisogni di varie categorie di associati e fruitori e remunerazione dei prestatori di lavoro.

ECONOMICITA' COME RISPETTO DI CONDIZIONI

2. <u>rispetto simultaneo di un insieme di condizioni di svolgimento dell'attività economica.</u>

Nelle <u>imprese</u> tale principio si declina in quattro condizioni fondamentali da rispettare:
   - equilibrio reddituale
   - efficienza e flessibilità
   - congruità delle remunerazioni
   - equilibrio monetario

ECONOMICITA' DELLE IMPRESE EQUILIBRIO REDDITUALE

- L'<u>equilibrio reddituale</u> (equilibrio tra componenti positivi e negativi di reddito) esprime l'attitudine della gestione di rimunerare, con i componenti positivi di reddito, alle condizioni di mercato, tutti i fattori produttivi compresi il capitale di prestito ed il capitale di rischio.

- Esso deve essere valutato in funzione:
  - del <u>tempo</u> di riferimento (di breve o di lungo periodo)
  - dell'<u>oggetto</u> di riferimento (azienda ☐ equilibrio aziendale oppure gruppo aziendale ☐ equilibrio superaziendale)

ECONOMICITA' DELLE IMPRESE
EFFICIENZA E FLESSIBILITA'

- Non si ha economicità senza il mantenimento di un livello accettabile di <u>efficienza</u>, espressa in termini di <u>rendimento fisico-tecnico</u> dei processi produttivi.
- Solo in condizioni particolari e temporanee le inefficienze possono essere trasferite all'esterno, senza danneggiare l'equilibrio reddituale dell'azienda (es. monopolio), ma penalizzando altre aziende.
- In generale, per efficienza s'intende la relazione che intercorre tra risultati conseguiti e mezzi impiegati e viene riferito a sfere operative diverse. Una particolare espressione dell'efficienza sono i rendimenti fisico-tecnici.
- L'azienda in economicità è quella che ricerca anche <u>flessibilità</u>, ossia la predisposizione di strutture e di combinazioni produttive efficienti in grado di adeguarsi prontamente all'ambiente.

ECONOMICITA' DELLE IMPRESE

CONGRUITA' DELLE REMUNERAZIONI

- Non si ha economicità senza congruità dei prezzi-costi sostenuti e dei prezzi-ricavi conseguiti e, in particolare, <u>congruità delle rimunerazioni del capitale-risparmio e del lavoro</u>.
- In aziende in cui tale congruità non viene rispettata, l'economicità aziendale viene perseguita grazie anche al concorso ed a scapito di altre aziende familiari o di altre aziende di produzione.
- Il giudizio di adeguatezza o di congruità dei prezzi-costo e dei prezzi-ricavo comporta un <u>esame delle condizioni di ambiente</u> che caratterizzano i diversi mercati in cui le imprese operano.

ECONOMICITA' DELLE IMPRESE EQUILIBRIO MONETARIO

- L'economicità è strettamente correlata al conseguimento dell'<u>equilibrio monetario</u>, ossia alla <u>capacità di far fronte agli impegni di pagamento</u>.
- La diversa manifestazione temporale di costi e ricavi e dei relativi flussi monetari si traduce in fabbisogno finanziario.
- Compito della <u>gestione finanziaria</u> è ricercare la copertura di tale fabbisogno.
- La gestione finanziaria gioca così da <u>cuscinetto</u> tra la dinamica reddituale e la dinamica monetaria, compensando i periodi in cui si determinano squilibri monetari con quelli in cui si manifestano eccedenze di cassa.

MASSIMIZZAZIONE DEL PROFITTO

- Il principio di economicità <u>non</u> si identifica con il criterio della <u>massimizzazione del "profitto"</u>.
- Il principio di economicità non si identifica con un criterio massimizzante, limitato e rivolto esclusivamente ad una classe di soggetti, quali i conferenti di capitale proprio.
- Esso si traduce nel rispetto simultaneo delle condizioni favorevoli al mantenimento e allo sviluppo dell'azienda, intesa come mezzo per conseguire i complessi fini di istituto.

ECONOMICITA' DELLE FAMIGLIE

- Nella azienda familiare l'economicità viene conseguita se la produzione di redditi da lavoro e da gestione patrimoniale (al netto dei tributi da corrispondere allo Stato) consente i <u>consumi in misura "adeguata"</u> alla posizione sociale e al progresso del tenore di vita della famiglia.
- Questa produzione di redditi dovrebbe anche generare un <u>risparmio in grado di alimentare un "conveniente"</u> patrimonio.
- <u>L'equilibrio monetario</u> può giocare un ruolo importante, anche se si risolve molto spesso con la creazione di un "fondo di mezzi liquidi" sufficiente a fronteggiare le uscite monetarie concentrate in dati periodi dell'anno.

ECONOMICITA' DELLO STATO E DELLA PUBBLICA AMMINISTRAZIONE

- Si ha economicità dello Stato e degli Istituti della P.A. se si realizzano i fini e si rispettano le condizioni seguenti:
    - la produzione e il consumo di beni pubblici "soddisfacenti" per il funzionamento e lo sviluppo sociale ed

economico di una collettività;
- la corresponsione di rimunerazioni "adeguate" ai collaboratori e ai finanziatori;
- l'elevata efficienza delle combinazioni economiche realizzata mediante l'adozione di tecniche progredite di gestione, di organizzazione e di rilevazione;
- l'imposizione di tributi che siano ripartiti secondo criteri di equità condivisi dalla collettività;
- l'attuazione di una gestione patrimoniale che produca redditi convenienti;
- la realizzazione di un risultato sintetico di risparmio o un disavanzo contenuto.

ECONOMICITA' DEGLI ISTITUTI NONPROFIT

- In molte classi di istituti non-profit solo una parte limitata dei costi è coperta da ricavi provenienti da cessione di beni a terzi; <u>l'equilibrio reddituale</u> si realizza facendo conto su <u>elargizioni volontarie, donazioni, lasciti</u>, ecc., provenienti prevalentemente da soggetti privati ma anche da enti pubblici.

- Lo snodo critico in materia è rappresentato dalla <u>stabilità</u> nel tempo di tali flussi di contributi.

- Il difficile equilibrio reddituale rende fragile anche <u>l'equilibrio monetario</u> e l'insieme di queste condizioni mette a repentaglio la vita dell'istituto o la sua autonomia.

- In particolare, ogni crisi reddituale o monetaria può diventare l'occasione per il formarsi di soggetti economici impropri o per l'alterarsi della natura privatistica dell'istituto non-profit.

- In molti istituti non-profit si presentano problematiche complesse con riguardo alla valutazione dell'<u>efficienza</u> e alla valutazione del grado di <u>soddisfazione degli "utenti"</u>.

- Il divieto di distribuire i risultati reddituali riduce la <u>tensione alla minimizzazione dei costi</u>; ciò è particolarmente vero quando l'istituto non-profit è governato da persone che non sono contemporaneamente i finanziatori o gli utenti.

- Gli istituti non-profit mostrano una notevole <u>inerzia</u> nel rispondere alla crescente domanda di beni da loro offerti; ciò si spiega, oltre che per la mancanza di incentivi connessi al "profitto", per le difficoltà strutturali nella raccolta di risorse finanziarie.

- La ricerca di nuove donazioni da parte di un istituto non-profit equivale ad una campagna di promozione del proprio prodotto.

CAPITOLO 6
LA STRUTTURA DELL'AZIENDA, L'AMBIENTE ECONOMICO, IL SISTEMA COMPETITIVO

L'AZIENDA COME SISTEMA DECISIONALE

- L'azienda può essere osservata come un <u>sistema decisionale</u> (quali decisioni vengono prese, da chi, quali tempi e sequenze, quali logiche e procedure)
- L'esigenza di decidere è dettata dal continuo <u>dinamismo interno</u> ed <u>esterno</u> all'impresa
- Le decisioni in campo economico:
    - sono soggette al <u>vincolo di scarsità delle risorse</u>
    - impongono attente e rigorose <u>analisi di convenienza</u>

economica comparata che possono essere svolte ricorrendo a modelli di analisi economica per le decisioni

- sono adottate in condizioni di incertezza e, dunque, comportano rischi

- sono intenzionalmente razionali, ma soggette a limiti di razionalità (condizioni di razionalità limitata) e di rischi di ritualizzazione

- producono conseguenze più o meno ampie e stabili sulle condizioni di futuro svolgimento dell'impresa

LE GRANDI CLASSI DI SCELTE AZIENDALI

- Il sistema di governo strategico delle imprese è articolato in grandi classi di scelte di:
  - *configurazione del sistema prodotto*
  - *dimensionamento della capacità produttiva*
  - *estensione interfunzionale ed estensione verticale*
  - *estensione orizzontale*
  - *gestione patrimoniale, gestione finanziaria e gestione tributaria*
  - *formazione e sviluppo del patrimonio*
  - *relative all'assetto organizzativo e all'organismo personale*
  - *assetto istituzionale*
  - L'esercizio del governo strategico dell'impresa consente di:
  - influire sui componenti del reddito d'esercizio = performance corrente dell'azienda
  - configurare la struttura dell'azienda = la base delle per-

formance future

COERENZA ESTERNA E INTERNA

- Le cinque macrovariabili che compongono il modello sono tra loro collegate da relazioni di interdipendenza e complementarietà (<u>coerenza interna</u>):
  - ogni configurazione complessiva ha una propria coerenza interna
  - la variazione di una macrovariabile produce effetti sulle altre componenti del modello
  - ogni intervento di riprogettazione di una macrovariabile può richiedere adattamenti nelle altre componenti per assicurare nuova coerenza
- Le cinque macrovariabili sono fortemente influenzate dall'ambiente nel quale l'azienda opera (<u>coerenza esterna</u>)

L'UNITARIETA' DEGLI ISTITUTI E DEL LORO GOVERNO

- Ogni istituto è una realtà unitaria e unitario deve essere il suo governo economico (<u>principio della unitarietà del governo economico</u>)
- L'unitarietà del governo economico è realizzata con la formulazione e la realizzazione di una <u>strategia aziendale</u>
- La strategia aziendale si compone di due <u>elementi fondamentali</u>:
  - <u>l'orientamento strategico di fondo</u> (OSF)
  - gli <u>indirizzi strategici</u> in cui l'OSF si concretizza
- L'OSF è l'insieme di <u>idee-guida</u>, di <u>valori</u> e di <u>atteggiamenti</u>

che definiscono l'identità, effettiva o ricercata, dell'impresa: che cosa l'impresa fa o vuol fare, come e perché fare impresa

- Gli indirizzi strategici sono rappresentati da <u>scelte strategiche</u> che definiscono in quali arene competitive l'azienda intende operare e in che modo intende affrontare la concorrenza, come intende gestire gli attori istituzionali, quali decisioni strategiche prenderà a livello finanziario, tecnologico, di marketing e così via

L'UNITARIETA' DELLE COMBINAZIONI ECONOMICHE

- I caratteri di unitarietà delle combinazioni economiche sono:
    - <u>complementarietà</u>, che si manifesta tra:
        - *fattori produttivi*, ad es.: il lavoro è complementare all'impiego di impianti nella attività di trasformazione fisico tecnica
        - *insiemi di operazioni*, ad es.: le attività di vendita sono complementari a quelle di trasformazione per lo svolgimento delle combinazioni economiche
    - <u>fungibilità</u>, che si manifesta tra:
        - *differenti fattori produttivi*, ad es.: nell'ambito di uno stesso processo di trasformazione fisico tecnica, lavoro e impianti possono essere tra loro fungibili
        - *classi di operazioni*, ad es.: l'investimento nella qualità può ridurre l'incidenza di attività di assistenza post-vendita
    - <u>comunanza</u>: uno stesso *fattore di produzione* o un *in-*

sieme di operazioni concorrono ad ottenere più risultati, ad es.: un impianto di produzione può essere comune a più linee di produttive

- <u>congiunzione</u>: da uno stesso processo produttivo escono *contemporaneamente* e *necessariamente* più risultati, detti *risultati congiunti,* ad. es. processo di distillazione del petrolio
- <u>uniformità</u> dei fattori di produzione, dei processi produttivi e dei prodotti, che si manifesta nei fenomeni di:
  - *standardizzazione,* ad es. standardizzazione dei prodotti fabbricati
  - *uniformazione,* la standardizzazione *non* riguarda più *una singola azienda*, ma *tutte le aziende* che adottano standard comuni per svolgere certe attività, ad es. recepimento di norme relative a pesi e misure da adottare nelle attività di fabbricazione di certi prodotti come la bulloneria
  - *modularità,* progettazione di componenti (moduli) che possono concorre alla produzione di differenti prodotti complessi, ad es. i pianali delle automobili sono spesso utilizzati per diversi modelli
- <u>interdipendenza</u> tra unità che compongono l'azienda (organi e persone). L'interdipendenza analizza *in termini organizzativi* i precedenti caratteri di unitarietà delle combinazioni economiche. Tanto più forti sono questi caratteri, tanto più elevata sarà l'interdipendenza tra unità, ad es. l'esistenza di un impianto comune a più processi di fabbricazione richiederà una forte interdipendenza tra le unità delle diverse linee produttive, ma anche con quelle che si occupano della vendita dei singoli prodotti

L'AMBIENTE ECONOMICO E NON ECONOMICO

- L'<u>ambiente di un istituto</u> è l'insieme di condizioni e di fenomeni esterni allo stesso che ne influenzano la struttura e la dinamica
- L'<u>ambiente economico</u> è l'ordine economico dell'ambiente e si compone di:
  - *mercati*, insiemi omogenei di negoziazioni di beni privati, di rischi particolari e di credito di prestito
  - *strutture di domanda e di offerta* <u>di lavoro, di capitale proprio, di beni pubblici</u>
  - *settori*, insiemi di aziende con combinazioni economiche simili ed operanti negli stessi mercati e nelle stesse strutture di domanda e di offerta
  - *politiche economiche, monetarie, finanziarie*
- L'<u>ambiente non economico</u> rilevante per la struttura e la dinamica delle aziende è composto da fenomeni e condizioni quali:
  - *sistemi dei valori e cultura caratterizzanti la collettività sociale di riferimento*
  - *normativa giuridica nazionale ed internazionale*
  - *stato e dinamica delle scienze, tecnologie e tecniche*
  - *infrastrutture*
  - *configurazione fisica e climatica del territorio*

CONFINI TRA AMBIENTE E ISTITUTO

- Per l'individuazione dei <u>confini tra ambiente e istituto</u> si possono impiegare due criteri:

- *della struttura giuridica formale* = i confini dell'azienda sono stabiliti dalla normativa vigente laddove si definisce il campo di azione degli organi di governo economico

- *dell'influenza* = i confini dell'azienda si estendono fin dove gli organi di governo economico esercitano una influenza nei processi decisionali

- <u>Ambienti di insiemi di aziende</u> = la definizione di ambiente può essere articolata non solo per l'azienda, ma anche per insiemi di aziende come <u>gruppi economici</u> o <u>aggregati interaziendali</u>

- L'ambiente aziendale può essere scomposto in <u>sottoambienti rilevanti</u>

- I <u>confini dell'azienda</u> sono <u>modificabili</u> e la loro <u>estensione</u> è oggetto delle scelte di governo economico

I MERCATI

- L'esistenza di un <u>mercato</u> dipende dalla simultanea verifica di alcune condizioni:

  - presenza di un *complesso dinamico di negoziazioni*
  - di uno *stesso bene*
  - che si manifestano con *continuità* ed *elevata frequenza*

- Laddove queste condizioni non sono simultaneamente verificate si è in presenza di <u>negoziazioni fuori mercato</u>

- Uno <u>stesso bene</u> può essere negoziato in <u>mercati distinti</u>, ad es. mercati localizzati in diverse aree geografiche

- I mercati sono <u>complessi dinamici</u> ovvero variano nel tempo i loro caratteri distintivi e i loro confini

- In ogni mercato è possibile identificare <u>domanda</u> ed <u>offerta</u> che sono funzioni di insiemi articolati di variabili

I SETTORI

- Un settore è inteso come un insieme omogeneo di <u>aziende</u> legate da relazioni interdipendenza (di concorrenza o di altro tipo)
- Esistono diverse prospettive di analisi dei settori:
    A. dell'economia politica e della politica economica: analisi delle interdipendenze settoriali in termini di flussi di condizioni di produzione e di consumo e di mezzi monetari
    B. dell'economia industriale:
        1. analisi del <u>grado di concentrazione e degli effetti per la collettività</u>
        2. studio del <u>contesto competitivo</u> delle aziende di produzione e del relativo <u>comportamento competitivo</u>
- Nell'ambito degli <u>studi del contesto competitivo</u>, particolare importanza ha il modello "<u>struttura-comportamento-risultati</u>" (esempi di struttura: <u>concorrenza perfetta</u>, <u>oligopolio non differenziato</u>, <u>oligopolio differenziato</u>)

Esercizio 1 – Costo del lavoro

Il 03.07.09 Volpe S.r.l. versa ai dipendenti un anticipo di €.1.000,00 sulle retribuzioni di luglio.
Il 28.07.09 si liquidano le retribuzioni del mese sulla base dei seguenti dati:
- retribuzioni lorde: €.7.000,00
- assegni familiari: €.600,00

- oneri sociali: €.2.100,00 (di cui 700,00 a carico dei dipendenti)
- ritenute fiscali: €.1.150,00

Le retribuzioni sono corrisposte con bonifici bancari il 28.07.09 al netto dell'anticipo pagato.

Le ritenute fiscali e gli oneri sociali sono versati a mezzo banca il 16.08.09.

Rilevare a libro giornale e a libro mastro le operazioni descritte, indicando la natura di ogni conto utilizzato (A = attività, P = passività, PN = patrimonio netto, R = ricavi, C = costi).

Esercizio 2 – Acquisti con anticipi a fornitori, resi

Il 5.12.2009 Lepre S.p.A. ordina merci per €.6.000,00 + IVA e allega all'ordine un assegno di €.1.200 a titolo di anticipo. La fattura dell'anticipo perviene il 10.12.09.

Il 20.12 Lepre riceve le merci con la fattura accompagnatoria.

Metà del carico risulta difettoso e viene restituito al fornitore. A fronte del reso, il fornitore emette la nota di credito, che perviene alla società Lepre il 28.12.

Il 30.12 Lepre salda il debito residuo verso il fornitore tramite banca.

Rilevare a libro giornale e a libro mastro le operazioni descritte, indicando la natura di ogni conto utilizzato (A = attività, P = passività, PN = patrimonio netto, R = ricavi, C = costi).

Esercizio 3 – Vendite con anticipi da clienti, abbuoni, anticipi su Ri.BA.

Il 15.02.09 Lontra S.p.A. riceve un ordine di fornitura di prodotti per €.8.000,00 + IVA e un assegno di €.4.800,00 a titolo di anticipo. La fattura dell'anticipo è emessa il giorno stesso.

I prodotti sono consegnati il 20.02; la fattura a saldo è emessa il 10.03.

A seguito delle lamentele del cliente per differenze qualitative nei prodotti, Lontra concede un abbuono di €.500,00 + IVA, con nota di credito emessa il 15.03.

La società presenta all'incasso s.b.f. la ricevuta bancaria per il credito residuo della vendita. La banca ne comunica l'accredito sul c/c il 18.03, al netto delle spese di incasso pari a €.15,00.

La ricevuta bancaria rimane insoluta e il 20.06 la banca ne addebita l'importo alla Lontra.

Il 5.07 sono addebitati sul c/c €.75,00 per interessi passivi maturati nel trimestre.

Rilevare a libro giornale e a libro mastro le operazioni descritte, indicando la natura di ogni conto utilizzato (A = attività, P = passività, PN = patrimonio netto, R = ricavi, C = costi).

Esercizio 4 – Vendite con sconti cassa, anticipi su fatture

Il 14.01.2009 la società Laghetti emette una fattura a Anatra S.p.A. per la vendita di prodotti a €.6.000,00 + IVA, pagamento a 90 giorni.

Il credito è riscosso prima della scadenza, in data 31.01, con la concessione di uno sconto a Anatra di €.100,00.

Il 09.03 Laghetti emette una fattura di vendita di merci per €.12.000,00 + IVA alla società Gabbiani; pagamento a 90 giorni.

Il credito, documentato dalla fattura, è ceduto alla banca il 10.03 che, due giorni più tardi, ne comunica l'accredito dell'80% su c/c.

La fattura viene regolarmente pagata dal cliente Gabbiani e in data 5.06 la banca comunica l'accredito dell'importo residuo sul conto corrente.

Il 03.07 la banca addebita interessi passivi per €.180,00 e commissioni per €.50,00.

Rilevare a libro giornale e a libro mastro le operazioni descritte, indicando la natura di ogni conto utilizzato (A = attività, P = passività, PN = patrimonio netto, R = ricavi, C = costi).

www.ingramcontent.com/pod-product-compliance
Lightning Source LLC
Chambersburg PA
CBHW070456220526
45466CB00004B/1850